AF185893

Tucholsky   Wagner   Zola   Scott   Sydow   Freud   Schlegel
Turgenev   Wallace   Fonatne

Twain   Walther von der Vogelweide   Fouqué   Friedrich II. von Preußen
Weber   Freiligrath   Frey

Fechner   Fichte   Weiße Rose   von Fallersleben   Kant   Ernst   Richthofen   Frommel

Fehrs   Engels   Fielding   Eichendorff   Tacitus   Dumas
Faber   Flaubert   Hölderlin

Feuerbach   Maximilian I. von Habsburg   Fock   Eliasberg   Zweig   Ebner Eschenbach
Ewald   Eliot   Vergil

Goethe   Elisabeth von Österreich   London
Mendelssohn   Balzac   Shakespeare   Dostojewski   Ganghofer
Trackl   Lichtenberg   Rathenau   Doyle   Gjellerup
Mommsen   Stevenson   Hambruch
Thoma   Tolstoi   Lenz   Hanrieder   Droste-Hülshoff
Dach   Verne   von Arnim   Hägele   Hauff   Humboldt
Reuter   Rousseau   Hagen   Hauptmann   Gautier
Karrillon   Garschin
Damaschke   Defoe   Hebbel   Baudelaire
Descartes   Hegel   Kussmaul   Herder
Wolfram von Eschenbach   Schopenhauer
Darwin   Dickens   Rilke   George
Bronner   Melville   Grimm Jerome   Bebel   Proust
Campe   Horváth   Aristoteles
Bismarck   Vigny   Barlach   Voltaire   Federer   Herodot
Gengenbach   Heine
Storm   Casanova   Tersteegen   Gilm   Grillparzer   Georgy
Chamberlain   Lessing   Langbein   Gryphius
Brentano   Lafontaine
Strachwitz   Claudius   Schiller   Kralik   Iffland   Sokrates
Katharina II. von Rußland   Bellamy   Schilling
Gerstäcker   Raabe   Gibbon   Tschechow
Löns   Hesse   Hoffmann   Gogol   Wilde   Gleim   Vulpius
Luther   Heym   Hofmannsthal   Klee   Hölty   Morgenstern   Goedicke
Roth   Heyse   Klopstock   Kleist
Luxemburg   Puschkin   Homer   Mörike   Musil
Machiavelli   La Roche   Horaz
Navarra   Aurel   Musset   Kierkegaard   Kraft   Kraus
Nestroy   Marie de France   Lamprecht   Kind   Kirchhoff   Hugo   Moltke
Laotse   Ipsen   Liebknecht
Nietzsche   Nansen   Ringelnatz
von Ossietzky   Marx   Lassalle   Gorki   Klett   Leibniz
May   vom Stein   Lawrence   Irving
Petalozzi   Platon   Knigge
Sachs   Pückler   Michelangelo   Kock   Kafka
Poe   Liebermann   Korolenko
de Sade   Praetorius   Mistral   Zetkin

Der Verlag tredition aus Hamburg veröffentlicht in der Reihe **TREDITION CLASSICS** Werke aus mehr als zwei Jahrtausenden. Diese waren zu einem Großteil vergriffen oder nur noch antiquarisch erhältlich.

Symbolfigur für **TREDITION CLASSICS** ist Johannes Gutenberg (1400 — 1468), der Erfinder des Buchdrucks mit Metalllettern und der Druckerpresse.

Mit der Buchreihe **TREDITION CLASSICS** verfolgt tredition das Ziel, tausende Klassiker der Weltliteratur verschiedener Sprachen wieder als gedruckte Bücher aufzulegen – und das weltweit!

Die Buchreihe dient zur Bewahrung der Literatur und Förderung der Kultur. Sie trägt so dazu bei, dass viele tausend Werke nicht in Vergessenheit geraten.

Insichversunkene Lieder im Laub

Max Dauthendey

Impressum

Autor: Max Dauthendey
Umschlagkonzept: toepferschumann, Berlin

Verlag: tredition GmbH, Hamburg
ISBN: 978-3-8424-6812-2
Printed in Germany

Max Dauthendey

Insichversunkene Lieder im Laub

Ich hatt' mal eine gute Zeit

Ich hatt' mal eine gute Zeit —
Kaum wie ein Hündlein bellt im Traum,
Sprach ich von Liebesschmerzen;
Wie jeder mal im Märzen klagt,
Wenn schon der Frühling angesagt,
Und Hastigkeit die Glieder plagt;
Wenn Neugier durch die Äste jagt,
Wenn kahl noch der Kastanienbaum
Schier stündlich nach den Kerzen fragt.
So wie vom Regenschnee der Flaum
Rührte kaum Leid des Ärmels Saum,
Aufs höchste spürte man's am Kleid.
Blitz lag mit Blitz noch nicht im Streit,
Die Lieb' lief durch die Ewigkeit,
Kein Meilenstein stand weit und breit.
Die Sehnsucht traf noch nicht das Mark,
Ich sehnte mich am Sehnen stark,
Blau war noch die Unendlichkeit —
Ich hatt' mal eine gute Zeit.

Heut es kein Abend werden will

Heut es kein Abend werden will,
In alle Gassen hinein
Steht noch der Frühlingstag still.
Und der Laternen funkelnde Reih'n
Ziehen im letzten Tagesschein
Wie in die Halle des Himmels ein.

Seht auch, es glänzen im Grau
Die Steine der Straßen noch blau.
Der Tag will den Stein nicht verlassen;
Er will ihn als Edelstein fassen,

Weil die Menschen darüber gegangen,
Die Menschen zu zwein und mit glühenden
Wangen.

Ich habe dir so viel zu sagen

Ich habe dir so viel zu sagen,
Ich glaub' nicht, daß mein Leben reicht,
Das Leben, da nach kurzen Tagen
Dem großen Todesschweigen weicht.

Mein Lied soll mir nie sterben gehen,
Sein Leben niemals ihm entflieht.
Wenn Herz und Atem still mir stehen,
Mein Lied noch singend vor dir kniet.

Die Baumstämme werden wie Menschen jetzt warm

Die Baumstämme werden wie Menschen jetzt
warm,
Sie nehmen den Sonnenschein gern in den Arm.
Der Schnee rund um den Stamm entweicht,
Soweit des Baumes Wurzel reicht.
Die Schneeglocken hocken da rund in Scharen
Begrüßt von den Staren.
Auf graslosem Boden bloß Keim bei Keim,
Beim kahlen Baum duftet's nach Honigseim,
Es duftet nach Liebe, dem Frost entronnen,
Erste Blüte und letzter Schnee sich dort sonnen.

April spricht Geistersprache

April spricht Geistersprache.
Wie ein Vergoldermeister
Sitzt er am Nachbardache,
Spritzt Goldschaum auf Taube und Tauber,

Beklebt die Zimmer lichtsauber,
Belebt die Fenstergardinen,
Den Staub auf alten Tischen,
Vergoldet Falten und Mienen,
Sein Zauber will nie mehr verwischen.
Auf meinen Stühlen sitzt still,
Ich seh' ihn mit blumigen Gliedern,
Ein Geist von Liebesliedern,
Der dreist erlöst sein will.

Keiner mehr am Boden klebt

Nun füllt sich das Auge bald
Wieder voll mit alter Freude,
Beine, wandert hin zum Wald,
Wo noch Schnee jüngst schlief am Steine!
Watet Kniee, watet tief
Durch das Kräuterbett der Heide!
Von dem Kopf fiel fort das Brett;
Auch dem allerärmsten Tropf
Lebt die Welt zur Augenweide.
Jeder heut darüber schwebt
Wie der Himmel blau im Kleide,
Keiner mehr am Boden klebt.

Die Uhr zeigt heute keine Zeit

Ich bin so glücklich von deinen Küssen,
Daß alle Dinge es spüren müssen.
Mein Herz in wogender Brust mir liegt,
Wie sich ein Kahn im Schilfe wiegt.
Und fällt auch Regen heut ohne Ende,
Es regnet Blumen in meine Hände.
Die Stund', die so durchs Zimmer geht,
Auf keiner Uhr als Ziffer steht;
Die Uhr zeigt heute keine Zeit,
Sie deutet hinaus in die Ewigkeit.

Das Wissen der Menschen

Wenn Augen sich im Äug' verkriechen,
Und keines einen Wunsch mehr weiß,
Wenn Wangen wie die warmen Lampen
In Kissen leuchten still und heiß,
Dann scheint mir all' Wissen der Menschen ein
Harm
Gegen das Feuer der Liebe im glücklichen Arm.

Die Amsel

Da die Nacht mit Laternen noch draußen stand,
Der Schlaf und der Träume glitzernder Fächer
Um Haus und Himmel ausgespannt,
Da fang an mein Bett weit über die Dächer,
Da sang vor der Stund', eh' mit bläulicher Hand
Der Morgen sich unter den Sternen durchfand,
Eine Amsel aus Finster und Fernen.
Eh' noch den Laternen das Licht verflackt,
Hat schon die Amsel die Sehnsucht gepackt.
Sie sang von Inbrunst aufgeweckt
Mit dem Herz, das ihr heiß in der Kehle steckt.
Sie sang von Lieb', die sich aufgemacht,
Und durch die schlafenden Mauern lacht.

Die Mittagsstund'

Im Zimmer, im trägen und stummen,
Hör' ich die Mittagsstund' summen,
Als gurrt eine Taube im Kröpfe,
Als kocht man den Sommer im Topfe.
Und ferner Sommer Gespenster
Besuchen dich glühend am Fenster.
Und manch einer möchte gern bleiben
Und hängt sich verliebt an die Scheiben.
Von Sommern, die heiß hereinlugen,

Kracht's Fensterbrett laut in den Fugen;
Und auch eine Fliege, die brummt,
Die alle Sommer schon summt,
Sie singt von der Wollust ohn' Ruh'
Und von allen Sommern dazu.

Weit über den Fluß haben jede Nacht verliebte Nachtigallen
gelacht

Es endet selbst nicht zur nächtlichen Zeit
Im Maien der freiende Liebesstreit.
Weit über den Fluß haben jede Nacht
Verliebte Nachtigallen gelacht,
Hat des Faulbaums Blüte gefächelt,
Hat die Milchstraß' am Himmel wie voll Mäd-
chen gelächelt.

Da bin ich hinunter ans Wasser gegangen,
Es hielten die Wellen sich buhlend umfangen;
Ich sah übern Fluß in die Berge hinein,
Kein Berg wollte nächtlich verschlossen sein.
Es standen am ändern Ufer voll Lichter
Fenster mit Glanz, wie entzückte Gesichter,
Und es schien mir auf Erd' und im Himmel ein
Tanz,
Selbst Gottvater war Tänzer und nicht mehr
Richter.

Maimond

Maimond schwebt über dem Fluß
Und liegt mir glatt vor dem Fuß.
Das Wasser rückt nicht von der Stelle
Und lugt nur hinauf in die Helle.

Ich schau' übers Flußbett hinüber —
Ein Lied schlägt die Brücke herüber,

Es lacht eine Nachtigall
Eine Brücke aus Freude und Schall

Es regt sich der Nachtwind im Laub —
Es fiel ein Gedanke zum Staub —

Maimond aus vergangen Jahren
Liegt streichelnd auf alternden Haaren.

Maimond zog mich hin mit Verzücken
Sacht über die singende Brücken,
Und jünger wurde mein Gang,
Solange die Nachtigall sang.

Die Welt hämmert' weiter wie Spechte

Der Schierling spinnt sich über das Gras,
Die Blüte fliegt ab, die am Baum lustig saß.
Die Erde wird grün wie ein Lampenschirm,
Und kühn tritt der Sommer hin vor die Rampen.
Kaum daß ich am Weg den Zweck mal vergaß
Und unter dem Flieder beim Maikäfer saß,
Gleich sind sie verflogen die zwitschernden
Nächte.
Wenn nicht ein Verliebter in Reime sie brächte,
Die Welt hämmert' weiter wie Spechte.

Am Berg wärmt die Sonne das Maiengrün

Am Berg wärmt die Sonne das Maiengrün
Und selbst der alltägliche Himmel will blühn.
Er wird stündlich größer und tiefer und kühn,
Zieht Bäume und Menschen zu sich hinauf.
Aller Sehnsucht fällt wie ein Schuß aus dem
Lauf,
Und keiner hält mehr die Liebe auf.

Die Spiegel trinken verliebt dein Gesicht

Dein Blondhaar dir goldschwere Kränze flicht,
Die Spiegel trinken verliebt dein Gesicht.
Gern würde dein Spiegel zur silbernen Wolke
Und zeigte dich blendend dem Volke.

Es sinken dir sanft von den Hüften die Seiden,
Doch nie wollen je sich die Augen entkleiden;
Sie bleiben beide im Abgrund versteckt,
Bei dem ich gern schliefe, unerschreckt
Von der tötenden Tiefe.

Nicht mal die Espe rührte sich

Nicht mal die Espe rührte sich,
Senkrecht und still stand auch das Gras,
Stille auf jedem Blättlein saß,
Und nur mein Herze spürte mich.

Voll Butterblumen hing ein Hang,
Aus jedem Stein ein Blümlein drang,
Jed' goldgelb Kelch gar unverwandt
Wie helle Lieb' im Grünen stand.

Mein Auge lang' die Freude sog,
Indes mein Herze Zwiesprach pflog.

Die Silberpappeln stehn hitzeschwer

Die Silberpappeln stehn hitzeschwer,
Wie Augen zucken die Blätter und schauen;
Drunten die Straße ist blendend leer,
Drauf wandert die Sonne wie's brennende
Grauen.

Verliebtestes Herz, du guckst umher,
Demütig voll Staub,
Dürr und voll Glut,
Ob sich die Erde nicht öffnen tut,
Daß einmal für immer die Unruhe ruht.

Ein Regen ist kalt durch den Tag gegangen

Viel Wolken halten den Abend umfangen,
Viel dunkle Falten vom Himmel hangen.
Ein Regen ist kalt durch den Tag gegangen,
Und Stille macht halt, ernst, ohne Bewegen.

Der Abend will sich gern niederlegen,
Die Berge reichen den Rücken hin,
Und jeder Stein will dem Dunkel sich bücken,
Dem Abend und seinem geheimen Sinn.

Im Spiegelglas

Sie hält den Spiegel
Daß ihr Gesicht zum Glas hinfällt
Und ihre gehobene Hand
Stellt Kämme ins Haar.
Das Haar bebt gewellt.

Wenn sie den Arm zum Kopf hochhebt,
Lebt ihres Kleides Samt
In Falt' und Wogen
Um die Gestalt.

Als lauscht sie auf Gras,
Das im Spiegelglas wächst,
Scheint sie vom Spiegel
Weit fortgezogen.

Bis sie langsam vergißt
Und nicht mehr weiß,
Woher sie kam und wer sie ist.

Dann sinkt die Hand mit dem Spiegel lahm.
Sie sieht sich stumm
Errötend um,
Wie eine, die geheim gelogen

Der Jungrosen Dorn

Als ob von Freude ein Regen fiel,
Ist jetzt an grünen Dornen
Der wilden Rosen Spiel.

Sie hängen an allen Wegen
Mit Lachen und leichtem Drängen,
Als ob verschämte Gedanken
Mädchen verlegen machen.

Aber der Jungrosen Dorn
Ist weich noch. Will er dein Blut,
Nimmt er's im Übermut,
Und lachend ist sein Zorn.

Der Regen wandert über den Fluß

Der Regen wandert über den Fluß,
Und Wasser durchs Wasser waten muß.
Es ist, als schwimmen die Ufer fort,
So triefend stehen die Berge dort.
Und Regen und Fluß durchs Land hingehen
Und können ihr eigenes Ende nicht sehen.
So wanderten Sehnsucht und Blut oft zusam-
men,
Und alle Ufer überschwammen.

Die Liebe lehrte den Blumen das Wandern

Es kam ein Strauß nach dem andern
Von Juniblumen ins Haus;
Die Liebe lehrte den Blumen das Wandern:
Kleeblüten, die stehen frühmorgens im Tau
Auf grünem Tanzplatz, wo auf den Zehen
Vorsichtig sich wiegt meine Herzensfrau.
Es kam auch ein klein Bündel Männertreue
Von einfacher schlichter weltferner Bläue.
Die hatte ein Dichter am Weg gesät,
So einer, der fleißig im Äther mäht.
Die Rispen sind blau aus der Höhe gesunken
Und leuchten wie Dichter von Bläue trunken.
Und ein Salbeistrauß von schwermütigem Blau.
So schwerblütig denkt sich der Dichter die Frau,
So würzig und kräftig aufs Erdreich gestellt,
Und überbietet an Bläue den Äther der Welt.

Der Mond, der ohne Wärme lacht

Drüben über dem Fluß in der Nacht
Schwimmen die Berge im mondigen Nebel.

Im Fluß, im Dunkeln, da funkeln sacht
Die hellen Wellen in grellen Kreisen.

Im Himmel steht, großes Feuer entfacht —
Der Mond, der ohne Wärme lacht,

Wie einer, den Liebe längst umgebracht.
Nun lebt er noch als Geist bedacht.

Der Kristall

Hab' einen Kristall mir gefunden.
Wie Frauen zum Spiegel sich biegen
Und über den Spiegeln gern liegen,
Entfliegen mir schauend die Stunden.
Seh in dem Kristall alle Zeiten,
Das Leben in Meilen und Breiten.
Kristall ist mein Herz, das sich klärte
Durch Liebe, die blind in ihm gärte.

Das Feuer will gebären

Mohnblumen rot umgehen,
Wie Feuerfahnen wehen.
Es trutzt des Stieres Hörn,
Voll Brand ist jeder Dorn.

Am Himmel wogt ein Blitzen,
Ein Zünden und Verheeren.
Das Feuer will sich mehren
Und will nicht stille sitzen.

Die schwülen Wolken schwären,
Die Wölfen um sich schlagen,
Und Feuersbrünste ragen —
Das Feuer will gebären.

Schimäre

Schimäre ritt im Sturm heut an das Haus;
Sie kam auf einem wilden Rasselwurm,
Der preßte einer ganzen Landschaft
Die fromme Sommerseele aus.

Als sie durch die geschloßnen Türen und die
Wände ritt,
Hob sie das Haus auf ihre Hände und nahm es
mit.
Schimäre trug es mit Gebraus in ferne Breiten,
Und auch in fremde ferne Zeiten trug sie mein
Haus.
Wie eine Fähre schwamm es durch Jahrhunder-
te,
Und lachend sah ich drin mit meinem Lieb her-
aus,
Doch war nichts auf der Welt, nichts, was uns
wunderte.

Stets sind Gespräche im Wald

Stets sind Gespräche im Wald:
Bald winkt dir ein Blatt,
Das dir etwas zu deuten hat.
Bald sitzt ein Käfer an deinem Ärmel und blinkt
Sein Flügelein blitzt wie ein Liebesgedanke,
Der augenblicklich wieder versinkt.
Die Mücke singend ums Ohr dir schwebt,
Wie Sehnsucht, die vom Blute lebt,
Und dir von deinen Poren trinkt.
Wo der Wald sich lichtet,
Steht ungeschlachten Scheitholz geschichtet,
Weht Rindengeruch, der von Bränden dichtet.
Bleibt in den Kleidern dir lang' noch hocken,
Als will es dich in ein Feuer locken.

Im Tal geht die Straße der Dämmerung nach

Im Tal geht die Straße der Dämmerung nach,
Und Wolken und Bäume und Felder
Umfangen den Abend als stilles Gemach.
Der Mond steht hinter dem Laubwerk verhan-

gen,
Wie ein golden Fenster, das aufgegangen;
Schräg oben an grünender Hügelwand
Steht das Fenster offen und leuchtet ins Land.
Das Gras sich sacht im Taue feuchtet,
Und durch das Dunkel, das laue,
Scheint ein Holunderbaum
Wie ein Geist ins Graue,
Als beschwört er ein Wunder.
Mit hellen Blüten gleißt er an des Weges Saum,
Am Weg, der in das Dunkel weist,
Ins Dunkel, wo mit dem Herz voll Rubinen
Die Liebste dich Speist.

Leiden weinen ohne Tränen

Winter in der Brust,
Und durch argen Schnee
Müssen die Gedanken
Und durch Nebelblust,
Drinnen Krähen zanken.

Und doch stehen drunten
In den Sommerbeeten
Stolz die bunten Rosen,
Als ob nie und nimmer
Sie vergehen täten.

Winter in der Brust
Und der Sorgen Wust.
Muß vom toten Gestern
Blut mir borgen für das Morgen.
Tausend Nöte gähnen,
Und es meiden mich
Selbst des Trostes Schwestern —
Meine Leiden weinen ohne Tränen.
Leuchtkäfer ziehen durch die Juninacht

Wie Blicke, die ins Dunkel fliehen,
Ist dort im Abendlaub ein sacht Gefunkel —
Leuchtkäfer ziehen durch die Juninacht.

Ich möchte mich ins Gras hinknien
Still wie ein Schläfer, der die Welt vergißt
Und nur ein Traum bei hellen Blicken ist,
Von denen keiner dir am Tage lacht;
Die nur in vager Heimlichkeit entstehen
Und über schwüle Abendwiesen gehen,
Von einer heißen Nacht zur Welt gebracht.
Ich hab' zu jenen Blicken ein Gesicht erdacht
Von zager Schönheit, daß der Tag nicht wagt
Mehr aufzusehen, und allein die Nacht
Tastend mit sachten Lichtern sucht und fragt.

Zwei schwarze Raben

Zwei Schwarze Raben streichen
Geduckt am Acker hin,
Ihr Flug ist wie voll Zeichen
Und voll geheimem Sinn,
Als wollten Dämonen entweichen.

Die Himmel plötzlich klopfen
Auf Steine und auf Staub,
Aus Wolken fallen Tropfen
Und blättern in dem Laub.

Wie finstre Tarnenkappen,
Drin eins versteckt sich hält,
Fällt Rab' um Rab' ins Feld.

Die tropfen im Himmel stocken,
Die Raben hüpfen und hocken —
Lieb' und Hunger umlungern die Welt.
Jetzt ganz im Stillen die Felder reifen

Nun beugen sich im Feld die Ähren,
Und junge Äpfel die Zweige beschweren,
Rote Kirschen sitzen im Baum und lachen;
Kannst Freude schmecken und 's Auge zuma-
chen.

Jetzt ganz im stillen die Felder reisen,
Und Feld und Garten mit Früchten sich steifen.
Die Erde will in die Breite gehen,
Hat geliebt und kann keinen hungern sehen.

Das kranke Mädchen

Des jungen Mondes Spitze ist so schlank.
Wenn ich vor meiner Türe sitze,
Werd' ich von seinem Lichte krank.

Durchs offne Fenster kommt zur Juninacht
Heuduft ans Bett mir wie Gespenster
Und hat das Seufzen mitgebracht.

Der Mond ist weißer noch als Kreide —
Ich muß vor Angst die Finger falten —
Möcht' morgen meine Hände beide
Nur unter Rosenbäume halten.

Die Schwalben, die abends im Äther spielen

Die Schwalben, die abends im Äther spielen
Wie Pfeile, die in die Sonne zielen,
Die Schwalben, die freien und sehnsuchtschlan-
ken,
Sind wie der Menschen verliebte Gedanken.

Die Schwalben, die abends im Äther spielen
Wie Wünsche, die nie noch zur Erde fielen,
Sind ruhlos wie Blicke der Liebeskranken,

Die Schwalben, die freien und sehnsuchtschlanken.

Durchs Korn gehn warme Gassen

Durchs Korn gehn warme Gassen,
Mohnblumen trunken drohen
Und feurig nach dir fassen.

Die Ähr' schwillt heiß und hager.
In Halmen, himmelhohen,
Baut uns die Lieb' ein Lager.

Wo Lerchen drüber stehen,
Wenn wir wie Kornbrand lohen,
Wie Mohn durchs Feuer gehen.

Waldbäume

In des Waldes grauen und grünen Hallen
Sind Stimmen, die aus der Höhe fallen,
Sind Sänger, die hoch in den Himmel sich strecken,
Waldbäume sind singende Recken.

Es leben dort Lieder in grünen Bänden,

Die Recken tragen die Lieder auf Händen.

Die Bände murmeln mit Blätterzungen

Von dem, was der Wald von der Liebe gesungen.

Wie Lippen, die nie stille stehen,
Die Lieder durch die Blätter gehen.

Und immer neuen Liedern winken
Waldbäume, bis ihre Blätter sinken.

Das Dunkel sitzt in den Toren

Zur Nachtzeit wachsen den Gassen,
Den Winkeln heimliche Ohren.
Das Dunkel steht gelassen
Und horchend unter Toren.

Denn was die Füße der Leute,
Die übers Pflaster klappern,
Am Tage schwätzen heute,
Das möchten die Steine plappern.

Dann hörst du Schritte um Ecken,
Und niemand kommt gegangen.
Es spielen da Schritte Verstecken,
Schritte, die längst verklangen.

Hörst einen hastig rennen,
Als möchte sein Leben sich sputen.
Du kannst sein Seufzen erkennen,
Als müßten die Füße ihm bluten.

Hörst leichte trippelnde Sohlen,
Die möchten gar nicht eilen;
Und schwere folgen verstohlen,
Mit ihnen das Pflaster zu teilen.

Das Dunkel sitzt in den Toren,
Und tote Schritte rauschen.
Das Dunkel ist voll Ohren
Und möchte vom Tag was erlauschen.

Die Lerchen schliefen schon im Feld

Die Sonne war wieder einmal am Ziel.
Wie ein Apfel, der golden ins Dunkel fiel,
So löste sie sich aus den Wolken los
Und sank den Hügeln in den Schoß.

Die Lerchen schliefen schon im Feld.
Wir gingen einsam durch die Welt
Mit Lippen und mit Wangen rot;
Die kannten weder Schlaf noch Tod.

Ein Vogel jählings schrie im Schlaf,
Sein Ruf uns beide schreckhaft traf,
Wie ein Gedank', der aufgewacht,
Einer, der Angst hat vor der Nacht.

Die Fledermaus, die kreuzte vorbei,
Und immer einsamer gingen wir zwei.
Der Wald und Acker schrumpften ein,
Und alles ward im Dunkel klein.

Wir fühlten plötzlich wunderbar,
Daß jeder Halm entschlummert war,
Und dachten beide darüber nach:
Warum bleibt stets die Sehnsucht wach?

Fledermäuse

Der Sommerabend mit Hell und Dunkel,
Mit Wolken wie ein geflecktes Fell
Und seinem unklaren Gemunkel
Steht wie auf Zehen auf einer Stell'.

Schnell über die Köpfe der Bäume gehen
Zwei Fledermäuse in irrem Kreise.
Sie flattern, als ob sie Gedanken mähen,
Die da vom Tag in den Lüften stehen.
Sie köpfen das, was ungesehen,
Was leise blieb und ungeschehen,
Und girren darum als irrender Dieb
Und umflirren, was tagsüber dunkel blieb.

Nenn' dich meine Wiesen

Möchte deinen Leib
Keinen Garten nennen,
Wo sich Blum' und Mensch
Nur vom Sehen kennen.
Möchte deinen Leib
Nennen meine Wiesen,
Wo Heilwurzeln würzig
Und Labkräutlein sprießen.

Winzig kleine Blüten,
Kaum sichtbar wie Sterne,
Hausen dort urwüchsig /
Wirken stark zur Ferne.
Darf mich dort zum Schlummer
In den Glücksklee legen,
Er vertreibt den Kummer.

Nie in einem Garten
Könnt' ich in den Beeten
Ruhen in den harten.
Nenn' dich meine Wiesen,
Wo mir Kraft und Freude
Herzerquickend sprießen.

Das Heu liegt tot am Wege

Das Heu liegt tot am Wege,
Wir gingen ohne zu sehen,
Und Amselsang im Gehege,
Wir hörten es kaum im Gehen.

Wir waren still wie Erde,
Wie zwei, die man begraben;
Unsere Seelen mit dunkler Gebärde
Durchzogen den Himmel wie Raben.

Ein Rudel kleiner Wolken

Ein Rudel kleiner Wolken
Schwimmt durch die Abendhelle,
Wie graue Fische im Meere
Durch eine blendende Welle.

Und Mückenscharen spielen
Im späten Winde rege,
Sie tanzen zierliche Tänze
Am warmen staubigen Wege.

Und zwischen Wolken und Erde,
Über die Bäume, die schlanken,
Ziehn auf der Straße zum Monde
Die uralten Liebesgedanken.

Die Krähe

Es stehen die Bäume wie Sommerlauben,
Die Gräser wehen, und über die Felder voll Äh-

ren
Gehen die Scharen der wilden Tauben.
Zwei Schwarze Krähen blähen ihr finster Gefie-
der
Und stürzen versteckt zum Acker nieder.
Es blühen dunkelrot Kleeblüten am Wege,
Die leiden nicht an Honig Not.
Am Himmel glüht sich die Sonne tot
Und backt die Ähre und sorgt fürs Brot.
Das Herz ist wie eine Sommertaube,
Es schwimmt überm Staube selig und träge.
Leicht wird's von der Leidenschaft hingestreckt
Wie von einer Krähe, die Taubenblut leckt.

Die Luft ist voll Kommen und Gehen

Die blühenden blauen Kornraben,
Sie fielen mit den Ähren;
Das Korn liegt still in Schwaden
Im Sonnenschein, im schweren.

Kaum ein paar kurze Wochen
Sind die Felder glühend zu sehen;
Gleich muß die Sense dann pochen,
Und Stoppeln bleiben kalt stehen.

Wenn Augenblicke erwarmen,
Fühlst ihren Atem kaum wehen,
Da entsinken sie schon unsern Armen —
Die Luft ist voll Kommen und Gehen.
Die Scharen von mächtigen Raben

Es fliegen im Abend tief über die Ähren
Die Scharen von mächtigen Raben
Wie Geheimnisse lautlos, die sich begraben,
Wie Gedanken, die sich im Zwielicht mehren.

Und es hängen die Ähren zum Straßengraben,
Als ob sie Sehnsucht nach Menschen haben.
Es steht noch ein Mäher im Klee im dunkeln;
Du hörst nicht die Sense, du siehst nur ein Funkeln.

Es huscht noch ein Vogel schnell in die Hecke,
Die Feldwege schlängeln sich hinter Verstecke.
Die Raben kreisen und machen Runden,
Tauchen unter und sind in der Erde verschwunden.

Der Mond ist wie eine feurige Ros'

Der Mond geht groß aus dem Abend
Steht über dem Schloß und dem Gartentor
Und läßt sanft glühend die Erde los.
Der Mond ist wie eine feurige Ros',
Die meine Liebste im Garten verlor.

Mein Schatten an den steinernen Wänden
Geht hinter mir wie ein dienender Mohr.
Ich werde den Mohren hinsenden,
Er hebe die Rose vorsichtig auf
Und bringe sie ihr in den dunklen Händen.

Nun scheint der Sommer immergrün

Nun scheint der Sommer immergrün,
Das ist ein Staub und ein Bemüh'n,
Als müßt er wiederkäuend bleiben.
So ganz robust ist jetzt sein Treiben
Und alle Bäume sich beleiben.

Sie sind wie bürgerliche Wichte,
Denen das Dicksein eine Ehre.

Als ob man täglich sich verpflichte,
Daß sich's Unendliche vermehre.

Doch Gott sei Dank, daß die Geschichte
Mit jedem Winter jäh sich wendet
Und sich das Dasein stolz verschwendet,
Und Leidenschaft nie satt verendet.
Daß Sonne wie Zigeunerblut
Alljährlich neue Torheit tut.
Und, in der Erde braunem Arm,
Die Engerlinge still und stumm
Schon träumen von dem Maigesumm,
Als nächster Maienkäferschwarm.

Das weiße Volk der Sommerwolken

Das weiße Volk der Sommerwolken
Steigt in den breiten Fensterrahmen.
Gestalten, die verhebt wie aus Gehirnen kamen,
Und keine Hand kann sie mehr halten,
Sie wachsen über Bergen sich zusammen.
Wie ein dämonisch Schauspiel ist ihr Wandern,
Sie hängen wie auf blauer Bühne oben,
Sind Puppen, in den Händen eines ändern
An Schnüren unsichtbar zum Spiel geschoben.
Sind Masken, die Gesichter wild Verkappen.
Sind Blinde, die im blauen Dunkel tappen.
Gewänder, deren Falten mit Grimassen
Verborgne Leidenschaften ahnen lassen,
Mit weiten Gesten durch die Lüfte streichen.
Sind Komödianten, die im Liebespiel erglühen
Und sind Tragöden, welche jäh erbleichen.
Als baut das Menschenherz sich Allgewalten
Ins Blau hinaus, sind Fäuste, die sich ballten.
Als sind da Flüche, die nicht mehr zu zähmen,
Heere von Wünschen, die Gestalten gern bekä-
men.

Und alle Wolken tragen helle Stirnen,
Sie stehen grübelnd oft auf einer Stelle
Und sind gedankenvoll im Weitergehen
Und Suchen ihren Tod zur Tiefe wie die Welle.
Und neu steigt Wolk um Wolke auf als Riese,
Als riefe sie ein Stichwort in das Blau.
Herein schiebt Landschaft sich und Bergkulisse
Hoch in den endlosen Theaterbau.
Schon viele Helden auf der Bühne fielen,
Doch niemand sah den Anfang, noch das Ende
Von jenen wolkengroßen Puppenspielen.
Jahrhunderte sie schon in Szene gehen;
Wir, welche zuschaun müssen, all' ergraun
Und sterben überm Sehen.

Der Regen scheint besessen

Ich hör' den Regen dreschen
Und übers Pflaster fegen.
Der Regen scheint besessen
Und will die Welt auffressen.

Ich muß mich näher legen
Ins Bett zu meiner Frauen.
Wird sich ihr Äuglein regen,
Kann ich ins Blaue schauen.

Die Wolken lehren dem Sommer das Fliegen

Naß liegen Kornfelder wie nasse Strohmatten,
Es ziehen die Wolken im Abend heim,
Wie Wälder, die durch die Lüfte fliehen,
Wälder voll Geister und Schatten.

Das korndürre Tal und den Fluß sie schauen,
Sie liegen am Himmel wie bei einem See.
Die Wolken lehren dem Sommer das Fliegen;

Viel Sommer find schon in die Lüfte gestiegen,
Auf Wolken über die Auen.

Sie reiten wie die Toten vorüber,
Denen die Herzen starr stille stehen.
Doch die Lippen, die jungen sommerroten,
Küssen, werden die Tage auch trüber.

Das Blut bleibt still mir stehen

Gesträubte Bäume stehen mit hagern Zweigen,
Bestäubte Berge lagern am pechschwarzen Fluß.
Wolken gehen und steigen
Wie Feuer, Rauch und Ruß.

Im Wind eine Silberpappel
Muß ihre Blätter drehen,
Daß sie wie weiße Augen
Blind in das Chaos sehen.

Das Blut bleibt still mir stehen,
Es scheint, daß die Himmel zerreißen
Vor der Sehnsucht Wehen.

Dein Schatten im Feld

Von den Abendwolken empfangen
Stand die Sommersonne mit braunroten Wan-
gen.
Und, als dürft' sie ein Opfer verlangen,
Sind Dörfer und Fernen in Rauch aufgegangen.

Du suchtest Blumen bei jedem Schritt,
Standest gebückt, als sammelst du Geld.
Der Ackerkrumen Kinder gingen gerne mit,
Und ich wurde selig dein Schatten im Feld.

Im Sommerwald

Im Sommerwald, wo sich die Blätter drücken,
Liegt Sonnenschein in kleinen Stücken,
Drinnen die Mücken schweben und rücken.
Ich muß mich unter die Stille bücken.
Vor den finstern Tannenlücken
Sah ich einen Schmetterling weiß wie einen
Geist aufzücken.

Der Wald riecht nach Kien und ist heiß.
Vielleicht hat hier ein Herz gebrannt, und nur
der Wald davon weiß.

Von Aug' zu Auge

Immer eilt Leben durch Stille und Tiefe,
Die Blicke der Menschen sind Depeschen und
Briefe.
Sie kommen zu Haufen gelaufen,
Werden gelesen und müssen geschehen.
Alles, was geworden und gewesen,
Muß von Aug' zu Auge gehen.

Wie eine dumpfe Stube steht die Sommernacht

Die Dunkelheit hat alle Wege mit Toren zuge-
macht.
Wie eine dumpfe Stube steht die Sommernacht.
Die Sterne kommen still den Berg ganz nah her-
auf,
Manchmal da atmet tief ein Sternlicht auf.
Ein großer Baum streckt seine Krone himmelan,
Als ob die Nacht ihn weit fortrücken kann.
Doch alle Dinge sind nur wie die Schatten
Vom Tag und von Gedanken und von Taten.
Und alle Dinge sind stumm und verblichen,

Als wären sie verstohlen ausgewichen.
Sie alle haben nur verschwinden müssen,
Damit die scheuen Lippen sich finden und küssen.

Die Landstraß' im Abendwind

Wir gingen die Landstraß' im Abendwind,
Wo im Staub noch kräftige Hufspuren sind;
Wo am Tag der Weg war der keuchenden Pferde,
Wo Arbeit schritten und Mühe rings um die Erde.
Da gingen wir sorglos und lachten nur,
Und das Echo am Berg war unsere Spur.
Kommen morgen den Weg die Pferde gegangen,
Werden sie plötzlich inbrünstig zu wiehern anfangen.
Denn wo Liebe ging mit rechtem Genuß,
Gibt sie den andern vom Überfluß.

Schilfrohr

Es braust der Wind am Fluß entlang
Und biegt das Schilf auf seinem Gang.
Das lange Schilfrohr sanft gewiegt
Und streckt sich, als ob es im Geiste fliegt
Sieht aus, als ob's gewandert war'
Und ging hinter Fluß und Wind einher.
Es schwätzt und zischelt und berichtet
Geschichten, die es aus Luft sich dichtet.
Und, fortgerissen vom eigenen Wort,
Steht's leidenschaftlich am Ufer dort,
Hoch aufgeschlossen Speer bei Speer
Wie der hastigen Wünsche schwankes Heer.
Es rasselt im Wind, als möcht' es fliehn

Und unglücklich wie ein verliebtes Kind
Und gedankenlos durch die Lüfte ziehn.

Wir irren durch die Felder

Es steht die Erde voll Ähren,
Die reich im Winde schwirren.
Wir irren durch die Felder,
Als ob sie endlos wären.

Und um des Himmels Säule
Rauchen leichthin die Wolken.
Wir müssen hart uns verbrauchen
Wie wegefurchende Gäule.

Ein Stern steht im Abend rotlohend
Über den gilbenden Feldern.
Es locken aufflackend zwei Silben —
Die Liebe heißpackend und drohend.
Die letzte Sonne sah uns ins Gesicht
Wir saßen am Feldrand und sahen ins Land,
Die Erde schien ausgestreckt wie eine schwielige
Hand,
In ihren Runzeln und Hügeln ein Haus manch-
mal stand.
Die letzte Sonne sah uns ins Gesicht,
Sie färbte uns bräuner mit bronzenem Licht;
Wir wurden wie Köpfe, die man auf Münzen
sticht.
Dann versanken die Bäume und wichen aus,
Die Felder verlöschten, es schwand Dorf und
Haus,
Und die Mondsichel wuchs aus den Ähren her-
aus.
Es raschelt im Korn und knirscht noch ein Stein,
Es fielen noch Rufe ins Dunkel hinein, - —
Dann durften wir Schulter an Schulter im End-
losen sein.

Drinnen im Strauß

Der Abendhimmel leuchtet wie ein Blumen-
strauß,
Wie rosige Wicken und rosa Klee sehen die
Wolken aus.
Den Strauß umschließen die grünen Bäume und
Wiesen,
Und leicht schwebt über der goldenen Helle
Des Mondes Sichel wie eine silberne Libelle.
Die Menschen aber gehen versunken tief drin-
nen im Strauß,
Wie die Käfer trunken und finden nicht mehr
heraus.

Die Vogelbeer'

Die Vogelbeer' hat sich rot hingehängt,
Die Vogelbeer', die aus dem Grün rot drängt.
Die roten Büschel im Blau und Grün
Sie wollen, sagt man, als Zeichen glühn,
Ein langer Winter soll es werden,
Ein langes Dunkel zum heimlichen Küssen auf
Erden.

Luftgespinst

Ich fand ein rosiges Luftgespinst, einen Regen-
bogen
Wie einen Schleier hängen geblieben am Wald-
rand.
Als sei er um einen Busen geflogen mit Lust,
Durchschwimmen ihn zärtliche Farben einer
Frauenbrust.
Er verklärt das Stoppelfeld und der Garben
Stroh.

Es war' zuviel Qual und immer dieselbe Leier
auf dieser Welt,

Machte nicht manchmal ein winkender Schleier
den Sehnenden froh.

Gesichte

Die Distel blüht jetzt und die Klette,
Und Staub fliegt mit dem Wind um die Wette.
Schwüle Gewitterwolken dunkeln,
Wie eine Blendlaterne muß die Sonne funkeln.

Sie wirft plötzlich Licht auf ein einzelnes Haus
Das sticht wie gezeichnet aus der Masse heraus,
Wie einer, eh' er zusammenbricht
Und den Tod vorher sieht als zweites Gesicht.

So gehen Verliebte auch todestrunken
Und sehen Gesichte an jeder Stell'.
Die kommen und verschwinden schnell
Wie Gewitterlichte grell und versunken.

Mittaghitze

Weißer Staub muß die Mittaghitze tragen;
Weiße Gänse, die mit den Flügeln schlagen,
Erschrecken die Stille, sie will etwas sagen.

Weiße Schmetterlinge im Feld sich jagen,
Die weißen Kamillen am Weg sich nicht zu rüh-
ren wagen,

Auch das Unkraut duftet voller Behagen, —
Es ist alles so liebessatt, und keiner hat was zu
klagen.

Lieb' oder Tod ist die Losung im Blut

Über deinen Rotrosen am Sommerhut
Spielt ein Mückenschwarm voll verliebtem
Übermut.
Die Rosen sind wie deiner Gedanken lichtlohe
Glut,
Der wie ein brennender Schein über dir ruht.
Wild hinein stürzt sich der Mücken Mut
Und will vermehrt sein von der Feuerflut.
Manch Verliebter sucht Tod wie der Mücken
Brut,
Und ist dem Sterben mehr als dem Leben gut,
Denn Lieb' oder Tod ist die Losung im Blut.

Der Mond muß zu dunkeln Bergen gehn

Wie Kohlen sehen die Nachtwolken aus,
Als habe der Mond verbrannt sein Haus;
Er tritt glühend über die Schwelle heraus.

Der Mond muß zu dunkeln Bergen gehen,
Er hängt über finstern Wäldern versunken,
Er muß sich rot im Schwarzen Fluß besehn,
Als hab' ihm heimlich eine Hand gewunken.

Und Nachttau ist ins Gras gefallen,
Der Fluß und die Berge wollen sich kühlen,
Kein Wort will auf den Straßen mehr fallen;
Nur der Mond brennt dort wie der Liebe Fühlen

Verliebte, die ganz verzaubert dastehn

Wir sahen Heidefelder von blauem Lein
Und lila Heidekraut im Waldgestein.
Und bei einer Eiche, die war uralt,
Sahen wir eine winzige Waldgestalt.

Ein rotes Eichhorn huschte flink herab,
Das uns Gedanken an verzauberte Menschen
gab;
An Verliebte, die einsam wie Waldwesen sind
Und beschützter als wie im Mutterleib ein Kind;
Verliebte, die ganz verzaubert dastehn,
Bald als Eichhorn, bald als Heide sich sehn;
Die nie mehr erwachen aus ihrem Traum
Und tausendjährig sind wie ein Eichenbaum.

Ein Waldtal

Ein Waldtal mit grünen Blättern gefüllt
Steht dort unten von Weltferne dicht umhüllt.
Seine Buchen sind wie die verschleierten Bräute
Und kennen nicht morgen, nicht gestern, nicht
heute.

Wie Quellen, die hell und verborgen schäumen,
Singen Burschen und Mädchen dort unter den
Bäumen.
Und alles, was draußen verschwiegen stund,
Geht singend im Waldtal von Mund zu Mund.

Möchte rollend das Blut aller Verliebten sein

Ich möchte mir Freuden wie aus roten Steinbrü-
chen brechen,
Möchte Brücken schlagen tief in die Wolken
hinein;
Möchte mit Bergen sprechen wie Glocken in ho-
hen Türmen,
Wie Laubbäume ragen und mit den Frühlingen
stürmen
Und wie ein dunkler Strom der Ufer Schatten-
welt tragen.
Fiel gern als Abenddunkel in alle Gassen hinein,

Drinnen Burschen die Mädchen suchen und fassen.
Möchte rollend das Blut aller Verliebten sein
Und von Liebe und Sehnsucht niemals verlassen.

Ein großer Nußbaum

Ein großer Nußbaum stand wie eine grüne Laube,
Ein Weg ging drunter hin im Staube,
Fern lag ein Dorf, ein Fluß mit Berggeländen.
Der große Baum hielt in den grünen Blätterhänden
Landschaften gleich wie farbige Gedanken,
Die bald voll Wolken standen, bald im Licht versanken.
Und du und ich, wir lehnten in dem Schatten
Und teilten mit dem Baum, was wir im Herzen hatten.

Im Wald der Boden von kalten Blättern

Im Wald der Boden von kalten Blättern
Ist voll Geschichten von alten Jahren.
Sie liegen im Waldbuch wie bronzene Lettern
Und reden wie Menschen mit greisen Haaren.
Sind Hände, die mitten im Sommer frieren,
Sind Tote auf blumenbekränzten Bahren,
Sind Worte, die sich im Winde verlieren;
Sind. Schmetterlinge, gestorben in Scharen,
Verliebte Gedanken, die gingen und waren.

Die Eule und ich

Eine Eule hat herübergelacht über den Fluß,
Und es tanzte die Nacht erschreckt auf einem
Fuß.
Die Fenstergardinen bewegten sich sacht,
Ein Schatten hat sich über meinen Rücken ge-
streckt.
Es hat mir der Eule Nachtgelächter die Haare
wachsen gemacht,
Als hätten frischgegrabene Gräber laut gelacht,
Als würde die ganze Erde unter Gewieher und
Geheule
Zu einer mächtig dunklen Rieseneule.
Ihre Flügel waren das Finster draußen,
Und bei ihrem Sausen verdorrten die Flammen
der Kerzen.

Alle Schlafenden setzten sich auf in ihrem Bette,
Alle Träume und Liebesgedanken wurden Ske-
lette
Und umtanzten die Eule mit Seufzen und Grau-
sen.
Aber dann fiel es mir glücklich ein,
Daß auch die Eulenherzen nach Liebe schrein,
Sie fühlen wie Menschen der Sehnsucht Geheu-
le.
Und Herzbruder wurde mir draußen die liebes-
brünstige Eule,
So daß wir uns beide in gleichen Gedanken,
Die Eule und ich, in die Arme sanken.

Sonnenblumen

Sonnenblumen schauen über die Gartenmauer,
Wie in goldenen Hauben Gesichter von Frauen.
Sie sehen aus goldgelben Krausen heraus
Hochaufgerichtet wie zur ewigen Dauer;
Wie Riesinnen, die Wache bei den Lauben ste-
hen,
Bei den Sommerlauben von hochroten Bohnen-
blüten.
Drinnen Tisch und Bänke und Gedanken nicht
vom Flecke gehen;
Wo die Worte sich hüten, und die Augen viel
gegestehen und groß aussehen
Wie die großgelben Blumen, die sich nach der
Sonne drehen,
Wie die Blumen, die goldene Räder werden an
Wagen,
Die mit den Verliebten durch den Sommerhim-
mel jagen
Und eitel Liebeswünsche tragen.

Die Sonne macht mir die Wege blind

Die Hagebutt' hängt rot im Geheg,
Die Reben nicken im Morgenwind,
Geschwind huscht die Feldmaus über den Weg.
Die Sonne macht mir die Wege blind,
Daß sie dunkel wie Wege der Mäuse sind,
Damit ich in dein Herz hinfind
Und dort der blauen Ruhe pfleg'.

Die Sonne geht im grünen Grund,
Rundum sind die Wolken ihr Geleit.
Bald sitzt sie auf den Wiesen breit,

Trinkt bald am Fluß mit heißem Mund.
Sie wandert gern wie nur mein Blut,
Das immer wünscht und niemals ruht,
Dem Sehnsucht wohl und wehe tut.

Mainsand

Der Main kommt durch Weinhügel geschwommen,
Er kann im tiefen Sand kaum weiter kommen
Und spült seine Körner in gelbem Geriesel ans
Land.

Manchmal muß das Wasser bei Sandhaufen stocken,
Es bleibt warmbrütend im Sonnenschein hocken
Und spielt wie eine Frauenhand mit dem gliedernden Sand.

So nimm, Geliebte, die Lieder, die mir mein Blut
bewegen,

Ich will sie wie Mainsand weich auf deine Wege
legen,
Wie Mainsand, den ich im Sonnenbrand braun
und feurig fand.

Am Morgen war der Fluß verschwunden

Am Morgen war der Fluß verschwunden,
Hab' nur eine Nebelmauer gefunden,
Die dicht bis an mein Fenster ging,
Als ob der Fluß im Himmel hing.

Hoch aus dem Nebel kam Gesang,
Am Bergufer gingen die Stimmen entlang,

Als ob sich Menschen der Erde entrücken
Und werden zu Riesen auf Nebelbrücken.

Und körperlos wie des Todes Auen
Tat der singende Nebel ins Fenster mir schauen.
Als ob die Welt im Tod verschwand,
Mein Haus nur einsam am Weltrand stand.
Da war kein Himmel, da war kein Land,
Nur die Liebste hielt mir noch warm meine
Hand.

Das erste Herbstblatt

Das erste Herbstblatt leuchtet wie Blut,
Als ob verwundet im Strauch einer ruht.
Sein Blut von Blatt zu Blatt still tropft,
Sein Tod an alle Bäume klopft.

Die Sonne brennt so still und stumm,
Das rote Blatt geht drohend um,
Als müßte ein Mörder im Strauchwerk stehen
Und wild sein Blutdurst am Weg umgehen.
Und abends steigt der Rauch dann auf.
Als sei das Land ein Kehrichthauf,
So lastet am Fluß ein schwüler Dunst
Wie der letzte Atem der Sommerbrunst.

Die Schwärme wilder Dohlen

Es türmen sich Laubkronen in die Nacht,
Drinnen die Schwärme wilder Dohlen wohnen.
Als habe Baum bei Baum grell aufgelacht,
So sprangen plötzlich alle Vögel aus dem
Traum;
Sie haben sich mit kreischendem Geschalle
Und langen Flügelschlägen aufgemacht.

Und ich bin drunten unterm Laub gegangen
Auf Wegen, finster wie von toten Kohlen,
Und meine Sehnsucht hat mit allen Dohlen
Zu schreien und zu schlagen angefangen. —
Doch meine Schuhe gingen mit mir weiter
Einförmig auf den angeklebten Sohlen.

In der grünen Stille

Nun sind wir draußen in der grünen Stille
Und gehen sonder Wille für uns hin.
Nur Blätter sprechen laut um uns mit Sausen.
Es jagt vor uns des Morgenwindes Brausen,
Und Baum und Blätter wollen mit ihm fliehn.
Er ist ein Reiter, einer von den Kühnen,
Und Schatten winken hinter ihm im Grünen.

Vom Haselstrauch und Eichenlaub umgeben
Sind stille Winkel, wo kein Lufthauch geht;
Wo man sich taub hinlegt vom lauten Leben,
Und wo das Gras voll Sommerwärme steht.

Die Meisen zirpen, und die Gräser raunen
Und warten auf den Tag und seine Launen.
Man starrt mit ihnen in den Morgenrauch, den
blauen,
Und küßt und könnte überm Küssen gern er-
grauen.

Es sitze im blauen Mittag ein alter Mann

Es sitzt im blauen Mittag ein alter Mann, der
nicht mehr leben mag.
Seinen grauen Scheitel umgaukeln die Schmet-
terlinge.
Aber die Sonne und alles Grün im Hag erschei-
nen ihm eitel,

Und seine Gedanken schaukeln wie die Schatten
der Dinge.

Es hängen gelbe Blätter in den Birken und gelbe
Halme im Rasen.
Kleine Bündel Wolken sind am Himmel wie
Wolle
Und wirken Gewebe, die kann ein Gedanke
umblasen.
Die Sonne blickt müd' und will nicht mehr gra-
sen.
Der alte Mann wartet nur auf die Frau Holle,
Die ihn einschneien kann.
Und wenn er sich wieder jung geschlafen,
Kommt trällernd verliebt die Jungfer Mai heran.

Die Liebe kennt das Wörtlein "sterben" kaum

Nachtwinde umschauern die Fenster
Und dicken Mauern des Hauses.
Waldgipfel kauern drunten im Düstern.
Im Loch der Nacht lauern
Wie eines Raubtiers Nüstern — Todesgedanken.
Es ist, als ob die uralten Wände wanken.
Ein Käuzchen lockt mit Geschrei
Den Schauder der Sterbestunde herbei.
Sein Hilferuf gellt wie von einem, der sich die
Stirn zerschellt.

Waldblätter rasseln und Regen fällt,
Und still ist auf einmal wieder die Welt,
Als ob jemand die Atemzüge dir zählt.
Zu meiner Seite aus tiefen Kissen
Spricht die Liebste im Traum.
Ihr Traumwort hat allen Spuk mir zerrissen —
Die Liebe kennt das Wörtlein "sterben" kaum.

Gleich den Frauen lebt die Sonne...

Gleich den Frauen lebt die Sonne vom Bewun-
dern und Vertrauen.
Sie kann Wetter einreißen, die sich drohend auf-
bauen.
Auf die regendunkle Erde scheint heute die
Sonne,
Hält die Luft am Boden still und am Himmel der
Wolken Herde,
Weil Sie sich lagern will wie ein sanftes Weib,
Das hineinritt mitten in einen Streit Leib an Leib
Und besänftigt der Männer drohende Gebärde.
Die Eichen rauschen nicht mehr und stehen ge-
bändigt umher.
Weiße Wolken hinter den Wipfeln hängen wie
silberne Helme dort,
Als legten die Männer die Rüstungen fort.
Da darf kein wütender Schatten mehr über die
Gräser jagen;
Alles atmet des Weibes Behagen.
Die Sonne geht warm herum
Und sieht sich nur nach den Herbstspinnen um,
Die ihre Netze zwischen den Ästen aufschlagen.

Eine kleine Maskenwelt

Im bescheidenen Gras lebt eine kleine Masken-
welt mit Behagen,
Marienkäfer, die auf den Flügelbecken Malerei-
en wie bunte Gesichter tragen,
Kleine Käfer, die sich auf die höchsten Gräser
wagen,
Und sich mit vielen Beinen redlich vorwärts
plagen;
Kleine Halbkugeln, die nach ihrer ändern Hälfte
fragen.
Alle rennen und müssen sich ihre Liebe erjagen

Und tragen ihre winzigen Romane, ohne laut zu klagen.

Im Aug' eines Geiers

Herbstmorgen im dunstigen Land,
Umflortes Gras bis an der Erde Rand.
Es plärren die Raben ohn' Unterlaß,
Und die Sonne scheint wie Nebel naß.
Im Walde Baum an Baum sich lehnt.
Ein großer Geier kreist droben gedehnt.
Die Erde im Aug' eines Geiers oft ruht
Und verschenkt verliebt ihr Taubenblut.

Der rote Ast

Wie ein gläserner Stab, an den Feuer leckt,
Steht ein einzelner Ast rot ins Waldgrün gesteckt;
Im Abendwald hext er den Blick dir irr:
Waldmenschen erscheinen im Blattgewirr.
Rotsonne draußen am Waldessaum
Buhlt um die Nymphe in jedem Baum.

Sie bricht als trunkener Faun herein,
Schleppt einen Schlauch mit purpurnem Wein.
Waldnymphen den Wein mit Begierde trinken,
Und alle dem Faun in die Bocksarme sinken.
Der Faun aber, taumelnd vom Trunk entbrannt,
Hat sein Hörn einer Nymphe ins Herz eingerannt.
Blutflecken färben den Waldboden braun,
Und zeternd sterben die Nymphen dem Faun.
—
Dein Aug' den Wald nicht wiederkennt,
Solang im Wald der Ast rot brennt.

Das Dunkel griff uns um den Leib

Die Nacht am Fuß des Berges stand,
Jed' Blatt ward eine dunkle Hand,
Der Weg uns unter den Füßen schwand.

Auf Moos und Wurzeln klang hohl der Tritt,
Und hinter uns gingen bei jedem Schritt
Waldbäume in schweren Scharen mit.

Das Dunkel griff uns um den Leib,
Und Bäume, umschlungen wie Mann und Weib,
Sagten mit toten Gesten: "Bleib".

Die Wege wurden wie tiefe Schlünde,
Als ob man an offnen Gräbern stünde
Und jeder zu einem Sarg hinmünde.

Viele Fäuste haben geballt, gedroht,
Es war alle Liebe vom Tage tot,
Eng Blatt bei Blatt wuchs im Finstern die Not

Als ob uns die Schritte verjagten und bannten,
Wir uns einander bald nicht mehr erkannten,
Stets fliehend vor Nacht durch Nacht wir rann-
ten.

So laufen wir alle ein ganzes Leben
Und können im Finstern die Hand uns kaum
geben.
Nur ein Kuß kann uns manchmal das Dunkel
heben.

Am Hausgiebel sitzen die Pfauen

Am Hausgiebel sitzen die Pfauen, die in den
Abend schauen.
Der Berg denkt nach. Die Pfauen schreien vom
Dach.

Der Wind kommt durch die Blätter herauf,
Er hebt verlorene Gedanken auf.
Vom Tag blieb noch ein rosiger Rest,
Die Nacht baut den Pfauen ein Nest.

Der Wind fegt über des Hauses Stufen,
Die Pfauen rufen noch einmal vom Dach.
Dann fällt das große Tor ins Schloß.
Die Hände Schlafen in meinem Schoß,
Aber die Sehnsucht liegt mit den Hunden wach.

Es ist nicht der Wind, der die Bäume bewegt

Es bauschen sich Bäume am Morgenweg,
Es rauschen die Bäume so glückverheißend.
Sie haben Stimmen in ihren Stämmen,
Die sind nicht zu dämmen,
Des Lebens Wollust preisend.

Es ist nicht der Wind, der die Bäume bewegt,
Es ist die Erde, die sie erregt,
Die Erde will Luft.
Es dröhnt der Bäume holzige Brust,
Und aus der Wurzeln Gruft
Steigt in die Kronen die Liebeslust.
Die Bäume, die sonst mit der Erde schweigen,
Werden laute Schalmeien und Geigen.

Ein Pfauenfalter

Ein Pfauenfalter flog vor uns her
Mir blauen Augen im braunen Samt.
Als wären ihm die Schwingen vor Schwermut
schwer.
Wenn er die Flügel zusammenklappt,
Ist er wie ein stiller Mönch verkappt,
Als wolle er andächtig sein
Und für die Armen beten,
In deren Brust sich ein Schmerz eingerammt,
Und für die Armen, die ihre Tränen zertreten.

Verherrlicht vom Morgen

Verherrlicht vom Morgen liegen Dörfer in Fel-
dern und Fernen,
Biegen sich Berge mit Wäldern, als ob die Län-
der fliegen lernen.
So wiegen sich Gründe und Wiesen im blauen-
den Schatten und Schein,
Wie die Flügel von Riesen schwimmen grünen-
de Matten in den Morgen hinein.
Nur die Windstimmen holen sie ein und die
Sehnsucht allein.

Des Himmels Stuben weit offen stehen

Lieg' mit dem Kopf im Sommergras,
Dürrhalme stehen wie Gitter umher;
Die Grillen freien ohn' Unterlaß
Rings in dem strohernen Gräsermeer.
Die Halme tanzen dem Wind zu willen,
Mit tausend Liedern freien die Grillen.

Des Himmels Stuben weit offen stehen,
Wer liebt, der kann sich drin fliegen sehen.

Draußen im Äther weit und frei

Draußen im Äther weit und frei
Fliegt eine Taube am Fenster vorbei.
Drunten rauschen Blätter der Wälder;
Ich hör' einen Karren, der rollt durch die Felder

Sonst singt nur Mittagstille in meinem Ohr,
Und mein Blut pocht wie der Klöppel am Tor.
Mein Blut, das mit dem Wind im Morgen lief,
Kommt einsam heim und atmet tief.

Steinnelken

Keine Blume will mehr blühen,
Gras und Blatt gern welken,
Nur rote Steinnelken glühen.

Wenn andere längst liebessatt,
Manch eine späte Blüte hat.
Spätnachmittagssonne drückt ihren Mund
Noch auf die Steinnelken in letzter Stund'.

Sie sitzen rot im dürren Gras
Als Schmuck zu Seiten der grasigen Straß'
Und staunen auf ihren Stielen
Wie späte Liebesblicke, die auf Steine fielen.

Nichts weiter wird geschehen

Die Fenster stehen Sommerheiß
Und müssen den Stunden nachsehen,
Die draußen vorübergehen.
Der Stunden Füße sind leis'.

Durch die stillen Fenster im Haus
Sieht die Zeit herein und hinaus,
Und nur der Verliebte weiß:
Nichts weiter wird geschehen,
Wie die Zeiten sich auch drehen,
Alles Blut geht im Kreis,
Und rund um die Lieb' geht der Stunden Reif,
Wo meine Sehnsucht tags saß und sang

Die Wege führen nicht mehr weiter,
Die Schatten werden immer breiter;
Die Berge dunkel zum Erdrand sich senken,
Und alle Gräser lernen zu denken.

Das Licht wird gelb, und der Nebel wankt;
Schlaftrunken mein Blut dem Tage dankt.
Die Bank, die am Morgen ein sonniges Brett,
Lass' ich der Nacht als Schattenbett.
Wo meine Sehnsucht tags saß und sang,
Sing' noch mein Schatten nächtelang.

Komm heim

Komm heim, komm heim, ich kann's nicht er-
warten,
Schon schließt der Abend die Blumen im Garten,
Schon wird der Boden zu Füßen mir rot,
Die letzte Flamme der Sonne verloht.

Die Bäume erschrecken, der Wind geht nach
Haus,
Meine Gedanken strecken sich nach dir aus.

Die Mondsichel

Wie ein zartes golden geschmücktes Ohr
Schiebt sich die Mondsichel hell hervor.
Geht durch die Bäume den Waldweg entlang,
Erlauscht alle Sehnsucht auf ihrem Gang.
Bleibt hinter den Blättern als Horcher stehen,
Muß jedem, der kommt, zur Seite gehen.
Sie gleitet nach dir von Baum zu Baum,
Sie horcht dich aus und folgt dir ins Haus
Und lauscht noch an deines Bettuchs Saum.

Die bunten Astern

Die bunten Astern sind wie ein Regenbogen
In den nassen Garten eingezogen,
Wie Gesichter, die schon etwas frieren.
Die großen Äpfel an den Spalieren,
Die hängen wie trutzige Köpfe dort;
Bald trägt sie mein Schatz in der Schürze fort.
Der Morgen ist kalt, und die Blatter sind alt;
Bald hat die Nacht ständig die Obergewalt.
Und wenn die Astern den Garten verlassen,
Wird der Winter die Menschen anfassen.
Trag jeder seinen Garten beizeiten ins Haus,
Bei einem Schatz geht der Sommer nicht aus.

Ein jedes Blatt zur Erde will

Es liegt ein Nebel im Morgen wie Schnee,
Er tut den Blättern an den Birken weh-

Sie fallen gelb und flattern still,
Ein jedes Blatt zur Erde will.

Wir gehen hinter flatternden Blättern drein,
Sie fliegen ins Unbekannte hinein.
So folg' ich blindlings. Liebste, deinem Schritt -
O, nimm mich auch einst zum Sterben mit.

Die Dörfer rauchen in der Runde

Über die Felder geht Dämmerstunde,
Die Dörfer rauchen in der Runde.
Der Rauch zieht lange graue Straßen,
Auf denen Gestalten die Hütten verlassen ͵
Gestalten, die sich durch die Dämmerung tasten.
Sie schleppen schwere plumpe Lasten.
Der Rauch trägt vom Dach fort der Bauern Sor-
gen,
Und sorglos liebt jeder im Haus bis zum Mor-
gen.

Nachtfalter

Nachtfalter kommen verloren
Wie Gedanken, aus dem Dunkel geboren,
Sie müssen dem Tag aus dem Wege gehen
Und kommen zum Fenster, um hellzusehen.
Und in die Nachtstille versunken
Flattern sie zuckend und trunken,
Sie haben nie Sonne, nie Honig genossen,
Die Blumen alle sind ihnen verschlossen.
Nur wo bei Lampen die Sehnsucht wacht,
Verliebte sich grämen in schlafloser Nacht,
Da stürzen sie in das Licht, sich zu wärmen,
In das Licht, das Tränen bescheint und Härmen;
Die Falter der Nacht, die Sonne nie kennen,

Sie müssen an den Lampen der Sehnsucht ver-
brennen.

Im Gras stecken Herbstzeitlosen

Im Gras stecken Herbstzeitlosen
Aus der Sumpferde geschossen
Und vom Wind umgestoßen.

Das Gras steht vom Regen gewaschen,
Und gleich wie Zettel aus allen Taschen
flattern die Herbstblätter, die raschen.

Die Sonne muß sich genügen;
Wolken, wie Frauen in langen Zügen,
Schleppen Nebel zu weißen Krügen.

Du pflücktest am Waldrand die letzte Blum',
Sie sang das letzte Wort vom Liebesruhm,
Sie, die letzte Dichterin aus des Sommers König-
tum.

Zwischen Bleiben und Scheiden ist die Lust stets gestellt

Herbsthimmel kommt an den Berg geflossen,
Er ist wie blaues Öl kühl ausgegossen,
Herbstsonne glättet Weinhügel und Land,
Ferne Berge zerschmelzen wie Wachs in der
Hand.
Die Grillen zirpen in Ewigkeit,
Im Rasen summt noch die Sommerzeit.
Doch den Bäumen hängen zwei Wesen jetzt an:
Von der Südseit' der Sommer nicht weichen
kann,
Und vom Norden rauscht schon ein tötender
Wind,
Wie Nachtreste kalt alle Baumschatten sind.

Mit deiner einen Wange die Sonne noch scherzt,
Auf der andern schon die Winternacht schmerzt.
Zwischen Bleiben und Scheiden ist die Lust stets
gestellt,
Die eine Hand die Liebste herzt,
Die andre Hand schon die Türklinke hält.

Im Weinberg

Ich hör' eine Hacke im Weinberg schlagen,
Ein Weib steht bei Reben und muß sich plagen,
Sie muß sich bücken und dehmütig sein
Für jeden Becher vom kommenden Wein.

Und Häher, die in den Bäumen krächzen,
Von weitem nach den Beeren lechzen.
Sie huschen scheu nach den Reben in Eil
Und stehlen sich im Flug ihr Teil.

So nimm auch die Liebe so, wie sie sich findet!
Der eine sich vor Sehnsucht schindet,
Der andere stiehlt sich das Best,
Und jedem ist seine Art ein Fest.

Ein wolkenloser Nachmittag

Ein wolkenloser Nachmittag steht blau im Kleid
bei Birken,
Die Winde lebendig auf herbstlicher Heid' wie
an flinken Webstühlen wirken
Die Sonne steckt auf den Birkenbäumen
Wie die Flamme auf schneeweißen Kerzen;
Die Winde jagen und sind nicht zu zäumen,
Wie Geister, die 's Leben verscherzen.
Hell hinter den Birken liegt steinern ein Haus,
Wo meine Liebste sich schmückt;
Die Sehnsucht springt meinen Füßen voraus,

Bis sie unter den Fenstern sich bückt.
Die Liebste steht licht wie die Birke und lacht
Und singt mir ein süßes Willkommen;
Das hat meine Knochen erzittern gemacht
Und hat mir die Zunge benommen.
Doch habe ich schnell mir ein Herz gefaßt
Und hieß alle Wehmut verschwinden.
Bin jetzt meiner Liebsten allfröhlichster Gast,
Ich ließ meine Sehnsucht den Winden.

Raupe und Schmetterling

Es kriecht im Gras eine Raupe fürbaß,
Und neben ihr ein Schmetterling fliegt.
Die Raupe eilfertig sich krümmt und biegt,
Der Schmetterling tanzt auf luftiger Straß'.

Grashalme wollen erklettert sein
Von jedem kriechenden Raupenbein.
Der Schmetterling wiegt sich über den Dingen,
Wie Wünsche, die flink den Tod überspringen;

Wie Gedanken der Liebsten, die mich begleiten,
Fortflüchtend spielend aus irdischen Zeiten,
Gedanken, die schnell voraus schon eilen
Den Worten auf geschriebenen Zeilen.

Einen Riesen als Begleiter

Wenn die Abendsonne in die scharlachroten
Hagebutten fällt,
Und die Birke ihren weißen Stamm an das letzte
Licht hinhält,
Und die Menschen einen langen Schatten, einen
Riesen als Begleiter haben,
Sticht die Sehnsucht ihren Spaten in die Stille
Und fängt langsam an zu graben.

Alle Herbstzeitlosen haben sich geschlossen,
Und die Sehnsucht kommt aus allen Wäldern
Dunkler als die Eichengalle hergeflossen.

Die letzte Wärme

Die letzte Wärme kommt aus den Wegen mit
des Tages Geruch,
Die Nebel sich blind um die Sonne legen wie ein
dumpfes Tuch,
Und es schließt sich die Ferne für alle Augen wie
ein verstaubtes Buch.
Nur ein Gedanke bleibt stets aufgeschlagen
Auf deinen Lippen, die nach der Liebsten fra-
gen.

Das goldene Mondstück

Über den großen Erdacker steigt der volle Mond
in großer Pracht,
Au einem Birkenzweig blinkt der erste Stern der
jungen Nacht.
Alle Büsche verschwanden schon, und das Dun-
kel wurde dicht,
letzt wird jedes Blatt wieder licht und ein Spie-
gel für des Mondes Gesicht.
Graue Hasen schlüpfen wie Zwerge über das
Ackerfeld,
Der Himmel glänzt grün wie durchsichtig glä-
serne Berge,
Und das goldene Mondstück ist des Verliebten
goldenes Taschengeld.

So mürb wird jedes Blatt

Der Rasen steht ganz zertreten,
Das Laub ist nicht mehr zu retten.
Als ob einer ein Buch zerlesen hat,
So mürb wird jedes Blatt.
Die grüne Welt jetzt verschwinden muss,
Die Sonne sonst heiter erstickt im Nebel,
Im Wald fällt Schuß um Schuß.
O Herz, du alter Hebel,
Du allein lebst rastlos weiter
Und schaffst dir aus Liebe und Tod Genuß.

Doch wer bei der Liebsten erntet

Nun kommen die Leute mit langen Stangen,
Als wollten sie die Sonne vom Himmel langen,
Und der gute Nußbaum muß es ertragen,
Daß sie die Nüsse ihm aus den Armen schlagen.

Auch Leitern sind in die Zwetschgenbäume ge-
stellt,
Als gingen sie hinauf in eine jenseitige Welt,
Als wollten sie das Blau vom Himmel greifen,
Dort wo die blauen, süßen Zwetschgen reifen.

Doch wer bei der Liebsten erntet, der steigt nicht
weiter,
Der steht auf höchster Sprosse der Himmelslei-
ter,
Der braucht nicht mit Stangen in die Luft zu
hauen,
Dem fällt 'S Liebste in den Arm beim bloßen
Hinschauen.

Brandgelbe Nebel

Brandgelbe Nebel den Vollmond umziehen,
Als habe der Mond wild Feuer gespien,
Als hab' er ein Loch in den Himmel gebrannt,
Als kam' er mit Fackeln toll angerannt;
Als käm' er mit brennendem Mund gesprungen
Und rufe von weitem mit Brennenden Zungen ͬ
Als wälze er Sehnen und Glut in eine Gruft
Und über dem Grab brennt noch wütend die
Luft.

Im versinkenden herbstlichen Hage

Wir fahnen im Herbstabend der Sonne Launen
nach,
Unter den hellen gelben Akazien,
Unter den roten und braunen Platanen.
Die schauen vom glasblauen Himmel
Wie voll Kerzenglanz Zelt bei Zelt und wie be-
kränzte Altanen,
Als hält der Sommerkönig,, augekommen bei
seinen Ahnen,
Gelage, wo in den Bäumen Lampen glimmen.
Die Sonne ist untergegangen, aber alle Bäume
schwimmen
Wie im grellen, sommerhellen Nachmittage
Und stehen wie gelbe Fackeln an den abend-
blauen Schwellen,
Im versinkenden herbstlichen Hage
Scheinen die Blätter wie erleuchtete Fenster,
An denen die alten goldgelben Sommertage ste-
hen
Mit goldenen Kronen wie festliche Gespenster
Und mit goldenen Kleidern, die mit ihnen in
nichts zergehen.

Die weißen Nebel

Die weißen Nebel umschwimmen den Morgen-
wald.
Der Wald, der sonst in Felder schaut,
Steht wie ein finster Haus aus Luft gebaut.

Die Blätter schleppen noch Tropfen und Grau,
E regnet Nebel und regnet Tau.
Die Nebel umwaschen den Waldesrand,
Jedes Blatt wird eine gebadete Hand.

Gerade und senkrecht stehen die Eichen,
Die dem Morgen die eisernen Hände reichen.
Es öffnet der Morgen die Waldtore breit,
Und alle Wege sind sicher und weit.

Hell sieht dein Auge die Ferne kommen,
Dein Blut hat frischen Schritt genommen.
Und der Morgen geht dir durch den Leib,
Als wär' er die Sehnsucht von einem Weib.

Holzflöße

Es sind Holzflöße den Fluß herabgekommen,
Die sind über die Spiegelbilder der Ufer ge-
schwommen»
Es sind tote Wälder, die den Fluß hinabgleiten,
Schiffshölzer, die bald in die Salzmeere reiten,
Tote Leiber, um die einst grüne Kleider gehan-
gen,
Über deren Falten die Sonne streichelnd gegan-
gen.
In ihren Brüsten sangen die Vogelscharen,
Und ihre Brüste voll singender Seufzer waren.
Stumm schwimmen sie weiter, die hölzernen
Leichen,
Bald werden sie die bitteren Meere erreichen,

Wo sie wie Geister durch Unendlichkeit jagen
Und die Sehnsucht rund um die Erde tragen.

Die rote Maske

Der Mond kam der Nacht heißrot entgegen,
Schien trunken von Wollust und verwegen,
Wie einer, dem das Blut stieg zu Kopf,
Wie ein wilder, sehnsüchtiger Tropf.

Die Nacht war' dem Roten gern ausgewichen,
Schwer schwankend kam er durchs Feld gestri-
chen;
Doch als sie genau sah, war's tot und kalt
Nur eine rotgeschminkte Gestalt.

Der Mond war Hanswurst und wurde verlegen,
War nicht wollüstig und nicht verwegen,
Es fiel ihm die rote Maske ins Gras,
Darunter die tote Sehnsucht saß.

Ein kahler Schädel mit eisigen Wangen
Ist bleich an der Nacht vorübergegangen;
Die Lippen erfroren, die Augen blind,
So trug ihn fort der Morgenwind.

Und nichts will bleiben

Herbstblätter treiben im dunkeln Fluß
Und nichts will bleiben.
Wie der Wind und das Wetter
Jedes kleinste Blatt jetzt hinziehen muß.

Der Himmel ist wie ein blauer Grund,
Und ich spränge gern in seine tiefe Gruft,
In seinen lachenden klaren Schlund,

Wüßt' ich, daß der Liebsten Mund mich dort
ruft.

Die Sonne schleicht sich um des Berges Ecke

Es flog mir ein Spinnwebenfaden um das Ge-
sicht,
Als zog er eine Schlinge um meinen Weg,
Als ob an einem Faden noch die Seele aller
Sommerdinge
Am Leben hinge, eh' die Welt zerbricht.

Die roten Bäume prunken wie mit rotem Blut,
Und jeder Strauch lebensunbändig grell wie
Feuer tut.
Und doch ist's Laub schon halb versunken
Wie schwarze Galle und wie purpurn Fleisch,
das auf dem Schlachtfeld ruht

Die Sonne schleicht sich um des Berges Ecke
Und gleitet unter nasser Blätter Decke.
Doch einer, der da liebt, im Regen steht,
Und weiß nicht, daß die Welt um ihn vergeht

Das Laub verkrümelt

Der Himmel ist still eine Sterbehalle,
Das Laub verkrümelt, der Busch wird zur Kral-
le.
Die Nebel herrschen durch alle Räume,
Verstümmelt stehen zerrissene Bäume.

Der Nebel räuchert die Weinbergpfade,
Und es deucht mir der Berg eine Totenlade.
Die Blattgesichter hell und feucht
Sind wie wächser Lichter matt Geleucht

Die Füße mir lautlos ins Graue gehen,
Als wäre die Welt nicht vor Tränen zu sehen.
Von der Liebe ich kaum noch zu singen getraue
Wenn ich das Elend des Herbstes beschaue.

Von meiner Liebe ich kaum noch zu singen wa-
ge,
Als ob ich Gelächter ins Totenhaus trage.
Und doch dampft die Wollust aus mir heraus
Und stampft wie ein Hirsch in den Nebel hin-
aus.

Über tredition

Eigenes Buch veröffentlichen

tredition wurde 2006 in Hamburg gegründet und hat seither mehrere tausend Buchtitel veröffentlicht. Autoren veröffentlichen in wenigen leichten Schritten gedruckte Bücher, e-Books und audio-Books. tredition hat das Ziel, die beste und fairste Veröffentlichungsmöglichkeit für Autoren zu bieten.

tredition wurde mit der Erkenntnis gegründet, dass nur etwa jedes 200. bei Verlagen eingereichte Manuskript veröffentlicht wird. Dabei hat jedes Buch seinen Markt, also seine Leser. tredition sorgt dafür, dass für jedes Buch die Leserschaft auch erreicht wird.

Im einzigartigen Literatur-Netzwerk von tredition bieten zahlreiche Literatur-Partner (das sind Lektoren, Übersetzer, Hörbuchsprecher und Illustratoren) ihre Dienstleistung an, um Manuskripte zu verbessern oder die Vielfalt zu erhöhen. Autoren vereinbaren direkt mit den Literatur-Partnern die Konditionen ihrer Zusammenarbeit und partizipieren gemeinsam am Erfolg des Buches.

Das gesamte Verlagsprogramm von tredition ist bei allen stationären Buchhandlungen und Online-Buchhändlern wie z. B. Amazon erhältlich. e-Books stehen bei den führenden Online-Portalen (z. B. iBookstore von Apple oder Kindle von Amazon) zum Verkauf.

Einfach leicht ein Buch veröffentlichen: **www.tredition.de**

Eigene Buchreihe oder eigenen Verlag gründen

Seit 2009 bietet tredition sein Verlagskonzept auch als sogenanntes "White-Label" an. Das bedeutet, dass andere Unternehmen, Institutionen und Personen risikofrei und unkompliziert selbst zum Herausgeber von Büchern und Buchreihen unter eigener Marke werden können. tredition übernimmt dabei das komplette Herstellungs- und Distributionsrisiko.

Zahlreiche Zeitschriften-, Zeitungs- und Buchverlage, Universitäten, Forschungseinrichtungen u.v.m. nutzen diese Dienstleistung von tredition, um unter eigener Marke ohne Risiko Bücher zu verlegen.

Alle Informationen im Internet: **www.tredition.de/fuer-verlage**

tredition wurde mit mehreren Innovationspreisen ausgezeichnet, u. a. mit dem Webfuture Award und dem Innovationspreis der Buch Digitale.

tredition ist Mitglied im Börsenverein des Deutschen Buchhandels.

Dieses Werk elektronisch lesen

Dieses Werk ist Teil der Gutenberg-DE Edition DVD. Diese enthält das komplette Archiv des Projekt Gutenberg-DE. Die DVD ist im Internet erhältlich auf **http://gutenbergshop.abc.de**

Zeitfracht Medien GmbH
Ferdinand-Jühlke-Straße 7
99095 Erfurt, Deutschland
produktsicherheit@kolibri360.de